Inhalt

Nichts zu holen

Das  Rosa setzt die 👓 auf und steckt die 🔫 in den 👖. Wie immer ist auch heute die 🔫 nicht geladen.

Um jemanden zu erschrecken braucht Rosa keine 🖍.

Sie bricht auf zum 🏰.

Unterwegs versteckt sich Rosa

hinter einem . Gestützt auf

einen  geht eine alte  den

steilen  zum  hinauf.

Die alte  will Rosa aber nicht

ausrauben. Plötzlich rollt ein

in einem  den

herunter. Mit leuchtenden

rumpelt er vergnügt am  vorbei.

„Das kann nicht gut gehen",

murmelt Rosa. Tatsächlich kippt

der  um. Sofort springt

das ![Hexe] hinter dem ![Stein] hervor.

„Tut dir was weh?", fragt es besorgt.

Der  starrt Rosa ängstlich an.

Er fürchtet sich vor der  !

Das  will die  gerade

abnehmen, als es ein  hört.

„Aus dem  !", ruft ein

und galoppiert auf den  zu.

Ohne zu zögern zieht Rosa

ihre  . Diesen ruppigen

kann sie ruhig ausrauben.

„  her, aber dalli!", befiehlt sie.

„Ich habe kein  bei mir",

stammelt der . „Etwas

oder  vielleicht?", fragt Rosa.

„Auch nicht", erwidert der  .

Das  denkt nach. „Dann

sorge dafür, dass der  wieder

ins  kommt", sagt es streng.

Der  bindet mit einem

den  an seinen  .

„Und jetzt ein bisschen dalli",

befiehlt Rosa, als der  im

sitzt. Erst als er sicher im

ist, kehrt das  zurück zum  ,

um noch ein wenig zu räubern.

Räuber in der Hütte

Der  leuchtet über der

vom Rosa. In den

schreit ein . Das liegt

schlafend im . Die hat

Rosa unter dem versteckt.

Plötzlich schreckt das hoch.

Ist jemand in seiner ?

Rosa wagt kaum zu atmen.

Es rumpelt und poltert.

Das  zündet eine   an.

Mit der  in der  schleicht

Rosa zur  und lauscht.

Nebenan rumort und klappert es.

Ist das ein ? Wer wagt es,

ein  auszurauben? Leise

drückt Rosa die . Dann reißt

sie die  schwungvoll auf.

Die  erlischt. Es ist fast dunkel.

Nur der  scheint durchs  .

„ hoch, aber dalli!", ruft

das  . Doch auf dem

sitzt nur ein putziger  .

Zwischen seinen hält er

einen . Als der  Rosa

sieht, flieht er schnell durchs

offene . Schmunzelnd lässt

das  die  sinken.

„Hau bloß ab!", ruft es hinter dem

frechen  her. „Nur, weil du

eine  trägst, bist du noch

lange kein  !"

Gut bewacht

Rosa zieht 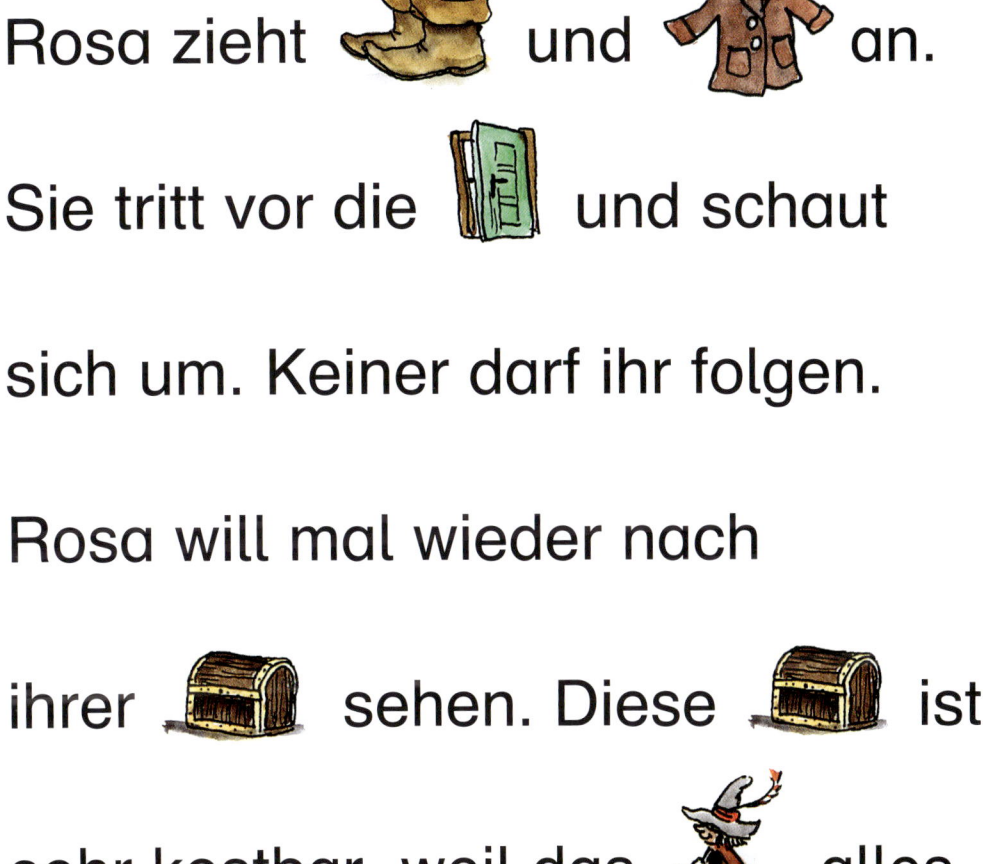 und 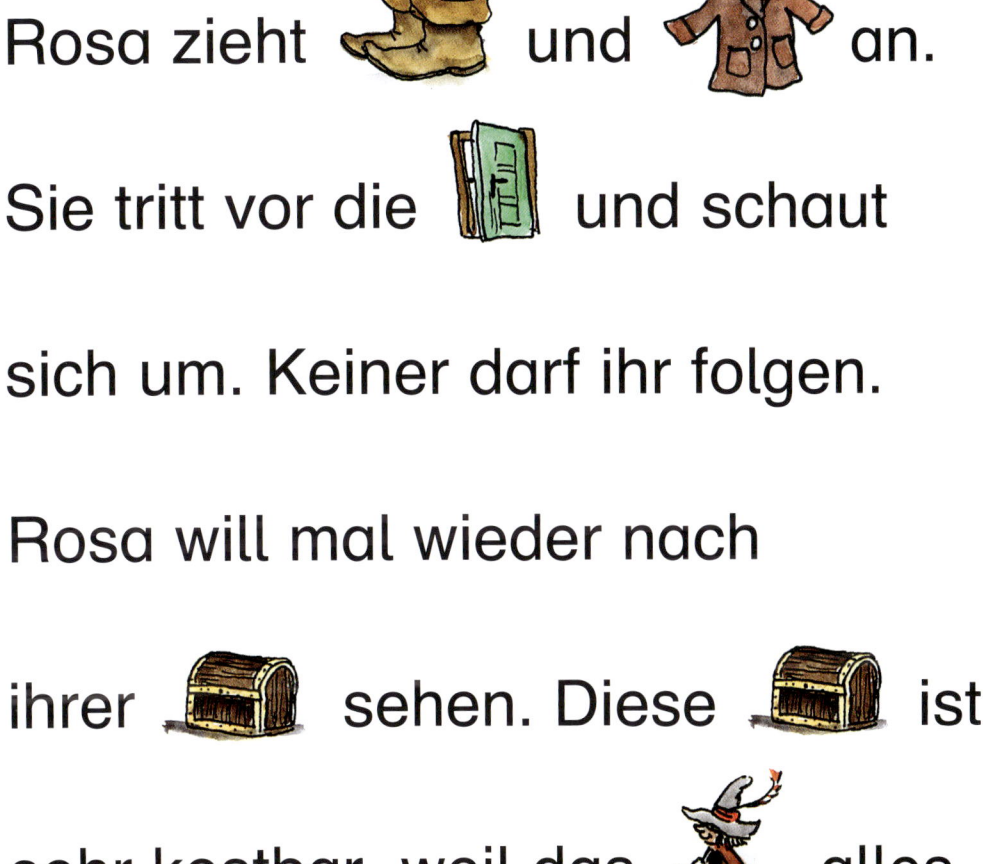 an.

Sie tritt vor die 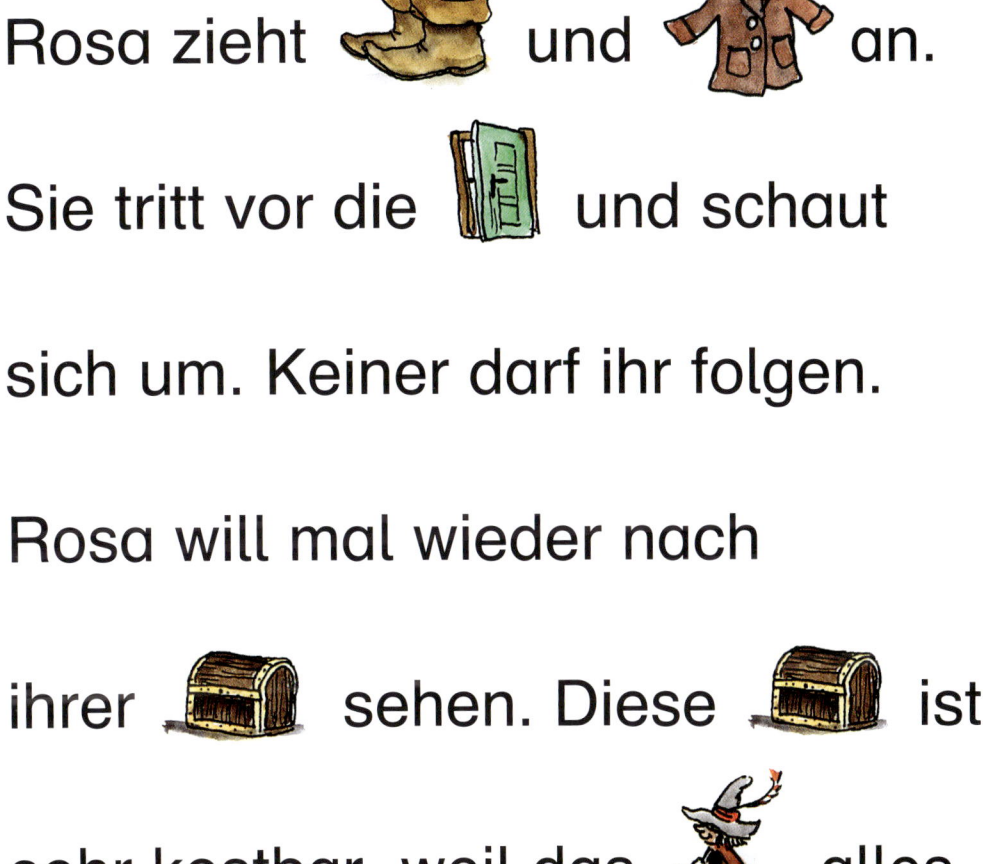 und schaut

sich um. Keiner darf ihr folgen.

Rosa will mal wieder nach

ihrer 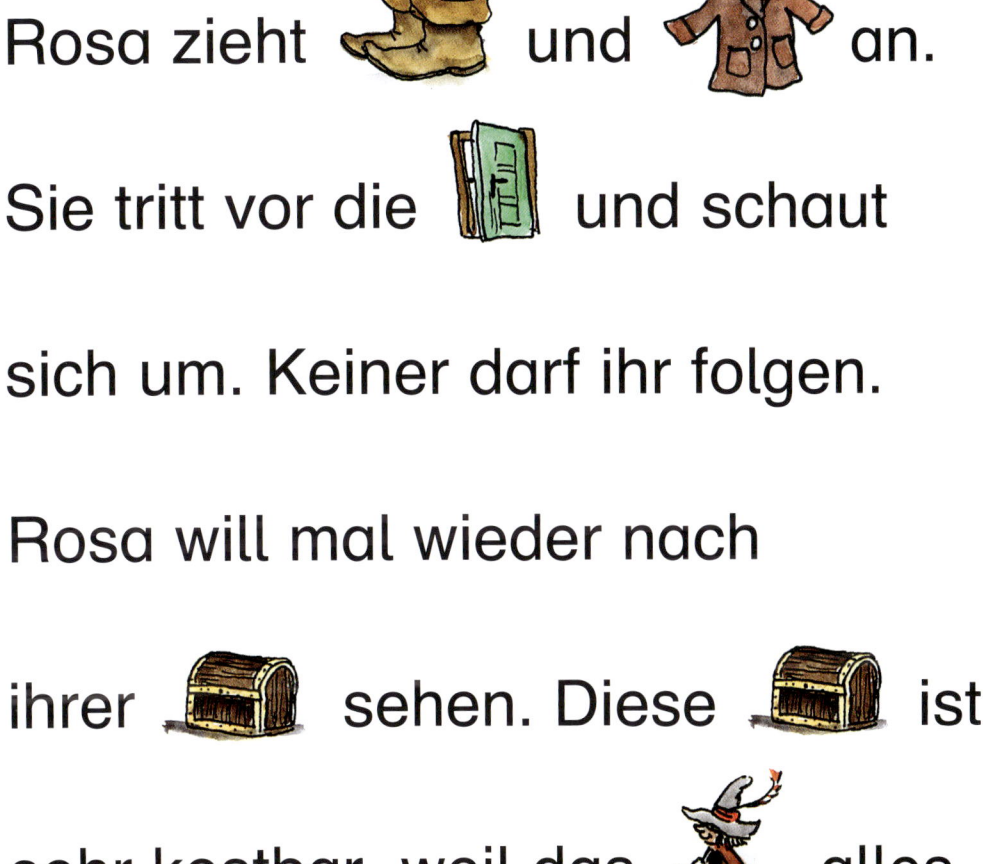 sehen. Diese 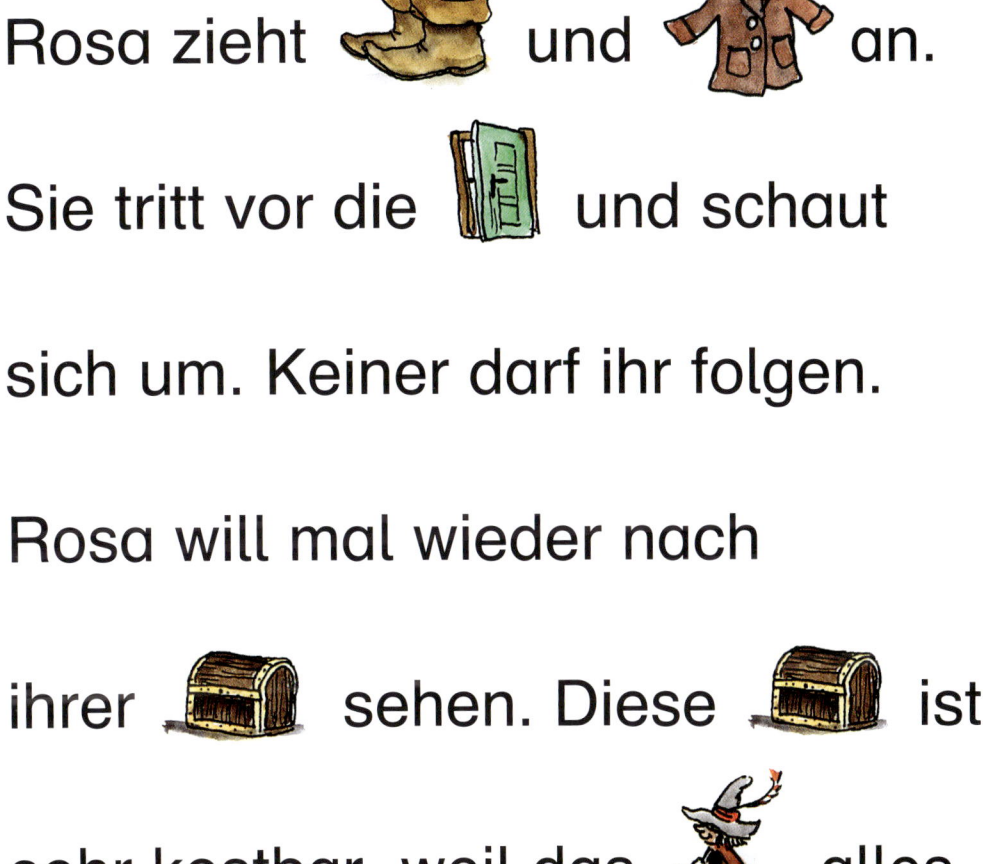 ist

sehr kostbar, weil das 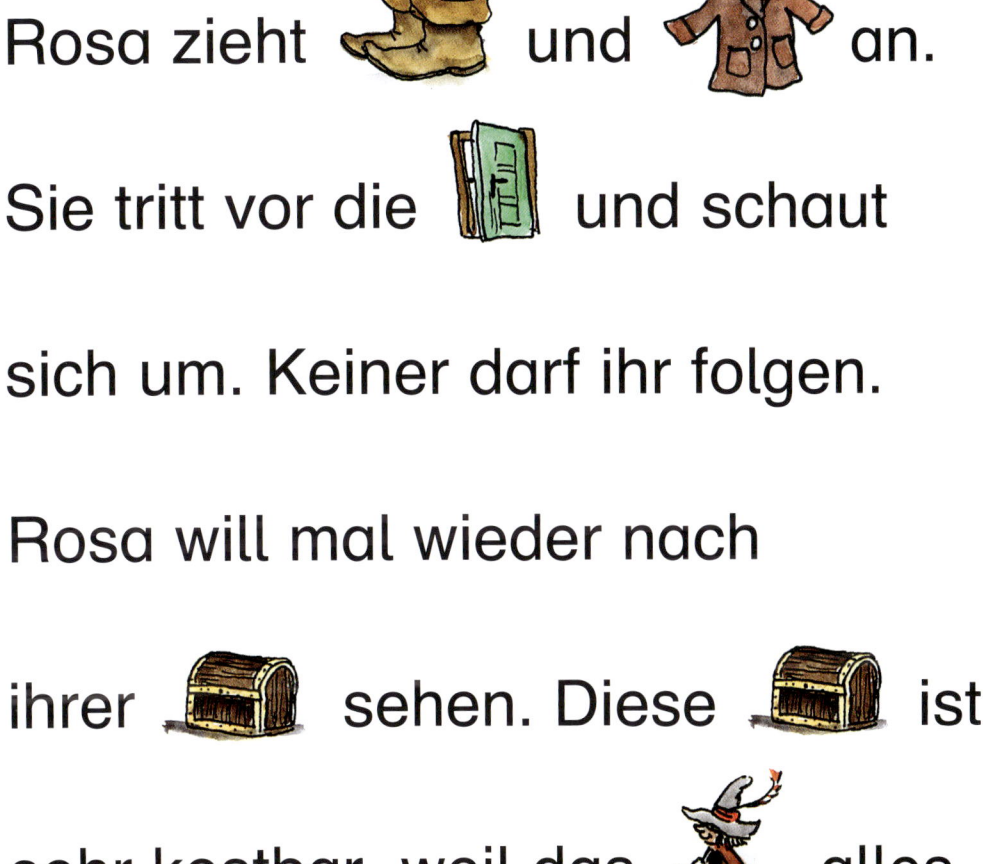 alles

darin lagert, was es erbeutet.

Rosa allein kennt die  ,

in der die  versteckt ist.

Vor der  bemerkt Rosa

verdächtige  . „Was ist

das denn?", murmelt sie leise.

Abgeknickte  liegen unter

den  . Wo ist der  , den

sie vor die  geschoben hat?

Haben die  des

die  gefunden?

Das  zündet eine ⚑ an.

Es spitzt die 👂 👂. Schnarcht da

jemand? Außerdem riecht es

ziemlich streng. „Stinkst du so?",

fragt Rosa eine 🦇, die über

ihren 👧 nach draußen huscht.

Weit hinten in der  entdeckt

das  einen  . Er schläft

neben der  . Die  ist jetzt

so gut bewacht, dass selbst Rosa

nicht mehr an sie herankommt.

Sie setzt sich vor der

auf einen   und denkt nach.

 „ lieben  ", sagt sie

plötzlich und beginnt sofort,

zu sammeln.

Von der  bis zum

legt das  eine hinter die

andere. „Es gibt was zu fressen!",

ruft Rosa in die  . Schon

kommt der  angetapst.

Brummend nascht er eine .

Und noch eine. Der  folgt

den  bis zum

hinunter. Schnell überprüft

das  .

Alles noch drin. Beruhigt kehrt

Rosa zu ihrer  zurück.

Solange der  in der

wohnt, ist die  sicher.

Unerwarteter Besuch

Das  Rosa stellt

und auf den .

Der Paolo kommt sie besuchen.

Er will einen  mitbringen.

Rosa versteckt ihre . Die

braucht sie heute sicher nicht.

Schon klopft es an der .

„So früh?", sagt das  überrascht und öffnet die  .

Vor Rosa stehen zwei

des  mit gezogenen  .

„Wir suchen ein  “, sagt der

eine  barsch. „Es soll in

deiner  sein“, meint der

andere. Das  reißt entsetzt

die 👁 👁 auf. „Ein ? Hier?“

„Lass uns rein!", rufen die

und stürmen in die  . Rosa

ist froh, dass sie ihr bestes

angezogen hat. So erkennt

niemand, dass sie ein  ist.

Während die  in jeden

und jede  schauen, entdeckt

Rosa ihre  auf dem  .

Sie setzt sich drauf. Die

haben die  nicht gesehen.

Und ein  finden sie natürlich

auch nicht. Die beiden

wollen gerade gehen, als es

erneut an der  klopft.

Ausgerechnet jetzt kommt Paolo!

Rosa eilt zur  , um den

vor den  zu warnen. Doch

auch Paolo hat sich heute fein

gemacht. Er trägt sogar eine  .

Sein  ist frisch gebügelt.

Wie ein  sieht er gewiss nicht

aus. „Paolo!", ruft Rosa. „Stell dir

vor, diese beiden  suchen

ein ."

„In deiner  ? Unglaublich",

sagt der  . „Da müsst ihr wohl

woanders suchen", sagt Paolo

zu den  und überreicht Rosa

seinen selbst gebackenen  .

Die Wörter zu den Bildern:

 Räuber-
mädchen

 Frau

 Räuber-
maske

 Weg

 Pistole

 Junge

 Gürtel

 Leiterwagen

 Patronen

 Berg

 Schloss

 Augen

 Felsen

 Pferd

 Stock

 Ritter

 Geld

 Bett

 Wurst

 Kopfkissen

 Käse

 Kerze

 Seil

 Hand

 Sattel

 Tür

 Mond

 Räuber

 Hütte

 Türklinke

 Bäume

 Fenster

 Uhu

 Tisch

 Waschbär

 Busch

 Pfoten

 König

 Apfel

 Fackel

 Stiefel

 Ohren

 Mantel

 Fledermaus

 Truhe

 Kopf

 Höhle

 Bär

 Spuren

 Stein

 Äste

 Beeren

 Fluss

 Kleid

 Tassen

 Schrank

 Teller

 Sessel

 Pirat

 Krawatte

 Kuchen

 Hemd

 Schwerter

Werner Färber wurde 1957 in Wassertrüdingen geboren. Er studierte Anglistik und Sport in Freiburg und Hamburg und unterrichtete anschließend an einer Schule in Schottland. Seit 1985 arbeitet er als freier Übersetzer und schreibt Kinderbücher. Mehr über den Autor unter **www.wernerfaerber.de**.

Julia Ginsbach wurde 1967 in Darmstadt geboren. Nach ihrer Schulzeit studierte sie in Heidelberg Musik, Kunst und Germanistik und schloss ihr Studium am Institut für Kinder- und Jugendbuchforschung in Frankfurt am Main ab. Heute lebt sie mit ihrem Mann und ihren fünf Kindern, jeder Menge Farben, Pinsel, Papier, Büchern und Musik in einer kleinen schwäbischen Stadt und zeichnet am liebsten Kinderbücher.